kurz & bündig

Band 6

Hartwig Lödige

Grammatik

Bange Verlag

Über den Autor:

Dr. Hartwig Lödige studierte Germanistik, Geschichte, Philosophie und Politikwissenschaften. Er lebt in Marburg an der Lahn und hat folgende Bücher veröffentlicht: *ABC Deutsch* (Grammatik, Rechtschreibung, Zeichensetzung); *Aufsatz Klasse 5 und 6,* kurz und bündig: *Grammatik; Ketchup, Jeans und Haribo. Die letzten Rätsel unserer Sprache; Audi, Kat und Cabrio. Kleine Wortkunde der Autowelt* und *Tesa, Tuc und Teddybär. Das große Lexikon der rätselhaften Wörter.*

Die vorliegende Kurz-Grammatik ersetzt natürlich keine Schulgrammatik, sie ist lediglich gedacht als ständiger Begleiter im Unterricht – nicht nur für den Deutschunterricht, sondern auch für den Fremdsprachenunterricht. Daher zum Beispiel ein eigenes Kapitel mit grammatischen Grundbegriffen auf Deutsch, Lateinisch, Englisch und Französisch.

2., korrigierte Auflage 2003
ISBN 3-8044-1439-7

Printed in Germany

Inhalt

1. Was ist Grammatik?

Grammatik ist im Unterricht oft langweilig, aber wichtig, weil sie die Regeln der Muttersprache und anderer Sprachen beschreibt. Grammatik ist sozusagen das Gesetzbuch der Sprache.

Erste Begriffe, die du kennen solltest:

Vokal = Selbstlaut: a, e , i , o, u;
Umlaut: ä, ö , ü;
Konsonant = Mitlaut, z. B.: b, c, r , t , s;
Diphthong = Zwielaut, Doppellaut, z. B.: ei, ai, eu, äu.

Wenn man die Buchstaben der Sprache zusammensetzt, ergeben sich Wörter, die wiederum Sätze ergeben.

2. Wortarten und Satzglieder

Als Einstieg ein kleiner Satz:

Frau Dornröschen Dobermann träumt nachts von ihrem Oberarm.

Dieser Satz besteht aus einzelnen Wörtern, die grammatisch **Wortarten** genannt werden.

Dieser Satz besteht auch aus Wortgruppen, die man grammatisch **Satzglieder** oder **Satzteile** nennt. Die Satzglieder ermittelt man über die Umstellprobe.

Umstellprobe 1:

Nachts / träumt / Frau Dornröschen Dobermann / von ihrem Oberarm.

Umstellprobe 2:

Von ihrem Oberarm / träumt / Frau Dornröschen Dobermann / nachts.

Satzglieder oder Satzteile sind Wortgruppen, die man nur *zusammen* umstellen kann. Satzglieder können aus einem einzigen Wort oder mehreren Wörtern bestehen.

3. Veränderliche und unveränderliche Wortarten

Die Unterscheidung zwischen unveränderlichen und veränderlichen Wortarten – manche Grammatiken sprechen auch von inflexiblen (= unveränderlichen) und flexiblen (= veränderlichen) Wortarten – ist in folgendem Falle hilfreich:

Bei der Zuordnung von Wörtern zu den entsprechenden Wortarten gilt: Wenn ein Wort sich **nicht** verändern lässt, handelt es sich fast immer um ein Adverb (Umstandswort), eine Präposition (Verhältniswort) oder eine Konjunktion (Bindewort), eher selten um eine Interjektion (Empfindungswort)!

Lässt ein Wort sich hingegen verändern, ist es ein Nomen / Substantiv (Hauptwort), ein Verb (Tu-Wort), ein Adjektiv (Wie-Wort) oder ein Pronomen (Fürwort). Ausnahme: Die Interrogativpronomen (Fragefürwörter) sind meistens nicht veränderbar!

Veränderungsmöglichkeiten sind bei den veränderlichen Wortarten:

a) **Deklination** (Beugung): der Hund, des Hundes, dem Hund;
b) **Konjugation** (Beugung): ich gehe, du gehst, er geht;
c) **Komparation** (Steigerung): schön, schöner, am schönsten.

Unveränderliche Wortarten	Veränderliche Wortarten	Veränderungs-möglichkeit
in, auf, unter, zwischen, neben (Präpositionen – Verhältniswörter)	Haus, Scheune, Hass (Nomen/ Substantive – Hauptwörter)	das Haus, des Hauses, dem Haus, die Häuser
nachts, morgens, unten (Adverbien – Umstandswörter)	schön, groß, klein (Adjektive – Wie-Wörter, Eigenschaftswörter)	schön, schöner, am schönsten
weil, wenn, obwohl (Konjunktionen – Bindewörter)	gehen, laufen, springen (Verben – Tu-Wörter, Tätigkeitswörter, Zeitwörter)	ich gehe, du gehst, er geht
igitt, oh, pfui (Interjektionen – Empfindungswörter)	mein, unser, alle (Pronomen – Fürwörter)	mein Hund, meines Hundes, meinem Hund

4. Die veränderlichen Wortarten

Schon in der Grundschule werden die Grundwortarten gelernt:

Nomen/Substantiv (Hauptwort), Verb (Tu-Wort), Artikel (Begleiter) und Adjektiv (Wie-Wort).

Wortart (lateinisch) Wortart (deutsch)	*Beispiele*	Erkennungsmerkmal
Nomen /Substantiv Hauptwort, Dingwort, Namenwort	die *Kuh*, das *Haus*, ein *Eimer*	Kann man **beugen** *(der Hund, des Hundes, dem Hund)*; meistens steht ein **Artikel** davor: das *Haus*, ein *Kind*
Artikel Begleiter, Geschlechtswort	**Bestimmter Artikel:** *der* Hund, *die* Kuh, *das* Kind; **Unbestimmter Artikel:** *ein* Kind, *ein* Mann, *eine* Frau	Steht fast immer vor einem Substantiv: der Hund, der Garten, das Mädchen, ein Kind

Verb Tu-Wort, Tätigkeitswort, Zeitwort	*gehen, laufen, stehen, schlafen*	Kann man **beugen:** Ich gehe, du gehst, er geht, wir gehen, ich ging, ich bin gegangen
Adjektiv Wie-Wort, Eigenschaftswort	*blau, grün, groß, klein*	Kann man **beugen** (das schöne Haus, des schönen Hauses, dem schönen Haus) und **steigern** (groß, größer, am größten)

Die anderen Wortarten

Wortart (lateinisch) Wortart (deutsch)	*Beispiele*	Erkennungsmerkmal
Personalpronomen persönliches Fürwort	*ich, du, er, sie, es, wir, ihr, sie*	Kann bei der Konjugation vor allen Verben stehen: *ich gehe, du gehst, er geht*
Possessivpronomen besitzanzeigendes Fürwort	*mein, dein, sein*	Drückt aus, wem etwas **gehört**

Demonstrativpronomen hinweisendes Fürwort	*dieser, jener*	Kann man daran erkennen, dass man sozusagen **mit dem Finger auf etwas zeigt**
Interrogativpronomen Fragefürwort	*Wer? Wo? Warum? Wie?*	Man kann hinter jedes **Fragefürwort** ein **Fragezeichen** setzen; außerdem meistens nicht veränderbar
Relativpronomen bezügliches Fürwort	Hunde, *die* bellen, beißen nicht. Das Haus, *das* an der Straße steht, ... Der Mann, *der* ins Haus kommt, ...	Im Satz vorher steht ein Substantiv, auf das es sich bezieht: *Ich glaube* den Kindern, die *fleißig sind.* Relativpronomen und Substantiv, auf das es sich bezieht, stehen im selben Kasus (Fall)
Reflexivpronomen rückbezügliches Fürwort	ich wasche *mich;* du wäschst *dich,* er wäscht *sich*	Bezieht sich auf ein Nomen oder Pronomen zurück

Indefinitpronomen unbestimmtes Fürwort	*alle, viele, manche, etwas*	Zahlwörter geben **genaue** Mengen an: *eins, zwei, drei, tausend*; Indefinitpronomina geben unbestimmte, **ungenaue** Mengen an: 63 (Numerale) Kinder, *viele* (Indefinitpronomen) Kinder
Numerale Zahlwort	*eins, zwei, drei* ***(Kardinalzahlen)*** *; der Erste, Zweite, Dritte* ***(Ordinalzahlen)***	Wenn man zählt, handelt es sich um Zahlwörter

5. Die unveränderlichen Wortarten

Wortart (lateinisch) Wortart (deutsch)	*Beispiele*	Erkennungsmerkmal
Interjektion Empfindungswort	*pfui, igitt, oh*	Klingen wie ein Ausruf
Konjunktion Bindewort	*und, weil, wenn, obwohl*	Leiten meistens einen Nebensatz ein
Adverb der Zeit (Temporaladverb) Umstandswort der Zeit	*morgen, jetzt, bald, plötzlich*	Fragewörter: wann? seit wann? bis wann? wie lange? wie oft?
Adverb des Ortes (Lokaladverb) Umstandswort des Ortes	*oben, unten, hier, draußen, drinnen*	Fragewörter: wo? woher? wohin?
Adverb der Art und Weise (Modaladverb) Umstandswort der Art und Weise	*sehr, ziemlich, gern, ungern*	Fragewort: wie?

Adverb des Grundes (Kausaladverb) Umstandswort des Grundes	*deswegen, daher, darum, deshalb*	Fragewörter: warum? weshalb? weswegen? wozu?
Präposition Verhältniswort	*in, an, auf, über, unter, zwischen, neben, bei*	Gibt das Verhältnis zwischen Dingen an: *Eine Gabel liegt* ***auf, unter, neben*** *dem Tisch. Ich liege* ***in*** *dem Bett, und* ***zwischen*** *zwei Betten ist die Besucherritze.*
Präpartikel Zusammenziehung von Präposition und Artikel	*zu + dem = zum; bei + dem = beim; in + dem = im; von + dem = vom*	

Hinweis:

Adverbien des Grundes und Konjunktionen zu unterscheiden fällt oft schwer: Ich gehe in die Schule, *weil* (Konjunktion) ich etwas lernen will. *Wenn* (Konjunktion) ich viel lerne, werde ich das Abitur schaffen. *Deshalb* (Adverb des Grundes) bin ich ja auf dem Gymnasium.

Konjunktionen stehen fast immer am Anfang von Nebensätzen, die man außerdem in den seltensten Fällen umstellen kann (s. Kap. 2 und 11). Adverbien des Grundes stehen meistens in Hauptsätzen, die sich fast immer umstellen lassen; auch das Adverb lässt sich umstellen: Ich bin ja *deshalb* auf dem Gymnasium. Auf dem Gymnasium bin ich ja *deshalb*.

6. Satzglieder

Satzglied	Erkennungsmerkmal	*Beispiel*
Subjekt	Frage: Wer oder was? (steht im Nominativ)	***Hubert Hummel*** hustet.
Prädikat	Frage: Was *tut* das Subjekt des Satzes?	Hubert Hummel ***hustet.***
Genitiv-Objekt	Frage: Wessen + Verb: Wessen wurde Max überführt? Kommt nur ganz selten vor!!! Hinweis: Fast 90 % aller Genitive sind keine Genitiv-Objekte, sondern **Genitiv-Attribute**! Beispiel: Der grüne Hund *des Schneiders* ist lieb. Erkennungsmerkmal: Das Genitiv-Attribut steht bei einem Substantiv und kann nur mit ihm **zusammen** umgestellt werden.	Max wurde ***eines Diebstahls*** überführt.
Dativ-Objekt	Frage: Wem?	Lea schenkt ***Leo*** Lupinen.
Akkusativ-Objekt	Frage: Wen oder was?	Lea schenkt Leo ***Lupinen.***

Präpositionalobjekt	Wenn mit Verb und *einer* ganz *bestimmten* Präposition gefragt werden muss	Lea denkt ***an Leo***. (an jemanden denken)
Adverbiale Bestimmung des Ortes	Fragen: wo, woher, wohin?	Lea geht ***nach Hause***.
Adverbiale Bestimmung der Zeit	Fragen: wann, seit wann, bis wann, wie lange, wie oft?	Lea gibt Leo ***in einem Monat*** den Korb.
Adverbiale Bestimmung der Art und Weise	Fragen: wie, wie sehr, auf welche Weise?	***Ohne Mühe*** konnte der Zahn gezogen werden.
Adverbiale Bestimmung des Mittels	Fragen: womit, wodurch?	Leo malt ***mit seinem Pinsel***.
Adverbiale Bestimmung des Zwecks	Fragen: wozu, in welcher Absicht?	Bodo Bockbier geht ***zum Einkaufen*** in die Stadt.
Adverbiale Bestimmung der Bedingung	Frage: unter welcher Bedingung?	***Bei größerer Umsicht*** hätte Leo überlebt.
Adverbiale Bestimmung der Folge	Fragen: mit welcher Folge, welcher Wirkung?	Der Unterricht war ***zum Davonlaufen***.
Adverbiale Bestimmung des Grundes	Fragen: warum, weshalb?	Steffi Steiner jubelte ***vor Freude***.
Adverbiale Bestimmung der Einräumung	Fragen: trotz wessen, trotz welchen Umstandes?	***Trotz des Gewitters*** ging Lea zu Leo.

Adverbiale Bestimmung der Zahl	Fragen: wie oft, wie viel?	*Dreimal* schrie Luzi Luzifer.
Prädikativum	Frage: wer oder was *ist, bleibt, wird* das Subjekt?	Daniel Dobermann ist *klug*.
Nominativ-Ergänzung, Gleichsetzungs-Nominativ (Prädikatsnomen)	Frage: wer oder was *ist, wird, bleibt* das Subjekt des Satzes? Hinweis: Neuere Grammatiken verwenden üblicherweise den Begriff Prädikativum (siehe oben); ältere Grammatiken sprechen oft noch von Prädikatsnomen, Nominativ-Ergänzung oder Gleichsetzungs-Nominativ. Alle Begriffe meinen denselben Sachverhalt.	Detlev Diedelsdorf ist *ein Landwirt*.
Attribut	Steht bei einem Substantiv und kann nur mit ihm umgestellt werden.	Der *grüne* Hund *des Schneiders* ist lieb.

7. Deklination

Die Beugung von Substantiven (nebst zugehörigen Wortarten, z. B. Adjektiven) nennen wir Deklination.
Die Deklination richtet sich nach Genus, Numerus und Kasus.

Lateinischer Begriff Deutscher Begriff		*Beispiel*
Genus grammatisches Geschlecht	a) maskulinum (männlich)	*der Mann*
	b) femininum (weiblich)	*die Frau*
	c) neutrum (sächlich)	*das Kind*
Numerus Zahl	a) Singular (Einzahl)	*das Kind, ein Kind*
	b) Plural (Mehrzahl)	*die Kinder, Kinder*
Kasus Fall		
Nominativ 1. Fall (Wer-Fall)	Frage: wer oder was?	*die schöne Frau, die schönen Frauen*
Genitiv 2. Fall (Wes-Fall)	Frage: wessen?	*der schönen Frau, der schönen Frauen*
Dativ 3. Fall (Wem-Fall)	Frage: wem?	*der schönen Frau, den schönen Frauen*
Akkusativ 4. Fall (Wen-Fall)	Frage: wen oder was?	*die schöne Frau, die schönen Frauen*

Bei Deklinationsübungen in der Schule ist folgender »Trick« recht hilfreich:

Nominativ:	*Wer oder was* sitzt im Lehrerzimmer?
	Singular: *der nette Lehrer/ein netter Lehrer*
	Plural: *die netten Lehrer/ nette Lehrer!*
Genitiv:	*Wessen* Schuhe sind schmutzig?
	Singular: Die Schuhe *des/eines netten Lehrers*
	Plural: *der netten/netter Lehrer!*
Dativ:	*Wem* gehören die schmutzigen Schuhe?
	Singular: *dem/einem netten Lehrer*
	Plural: *den netten Lehrern/netten Lehrern!*
Akkusativ:	*Wen oder was* sehe ich im Lehrerzimmer?
	Singular: *den/einen netten Lehrer*
	Plural: *die netten/nette Lehrer!*

Hinweis:

Viele haben Schwierigkeiten, nach dem Genitiv Plural mit unbestimmtem Artikel zu fragen. Hier ist es hilfreich, sich das Indefinitpronomen »viele« im Genitiv Plural hinzuzudenken:

Wessen Schuhe sind immer geputzt? Die Schuhe (vieler) artiger Kinder.

Ohne Indefinitpronomen heißt es dann:

artiger Kinder.

8. Komparation

Komparation ist die Steigerung von Adjektiven (Wie-Wörtern).

Lateinischer Begriff	Deutscher Begriff	*Beispiel*
Positiv	Grundstufe	*schön, groß*
Komparativ	Vergleichsstufe, Höherstufe, 1. Steigerungsstufe	*schöner, größer*
Superlativ	Höchststufe, 2. Steigerungsstufe	*am schönsten, der schönste, am größten, der größte*

9. Konjugation

Konjugation nennen wir die Beugung von Verben. Die Konjugation erfolgt nach Person und Numerus, Tempus, Genus und Modus.

Lateinischer Begriff	Deutscher Begriff	*Beispiel*
Person	Person	*ich, du, er, sie, es, wir, ihr, sie*
Numerus	Zahl	
a) Singular	a) Einzahl	*ich* gehe
b) Plural	b) Mehrzahl	*wir* gehen
Tempus	Zeitstufe	
a) Präsens	a) Gegenwart	*ich gehe, ich sehe*
b) Präteritum	b) Vergangenheit	*ich ging, ich sah*
c) Futur I	c) Zukunft	*ich werde gehen, ich werde sehen*
d) Perfekt	d) vollendete Gegenwart	*ich bin gegangen, ich habe gesehen*
e) Plusquamperfekt	e) vollendete Vergangenheit	*ich war gegangen, ich hatte gesehen*
f) Futur II	f) vollendete Zukunft	*ich werde gegangen sein, ich werde gesehen haben*

Genus		
a) Aktiv	a) Tatform	*ich schlage*
b) Passiv	b) Leideform	*ich werde geschlagen*
Modus		
a) Indikativ	a) Wirklichkeitsform	*ich schlafe*
b) Konjunktiv	b) Möglichkeitsform	*Hätte ich gut geschlafen, wäre ich nicht so müde.*

Weitere Verbformen:

Lateinischer Begriff	Deutscher Begriff	*Beispiel*
Infinitiv	Grundform, Nennform	*laufen, gehen, singen*
Partizip I (Präsens)	Mittelwort der Gegenwart	*laufend, singend, kochend*
Partizip II (Perfekt)	Mittelwort der Vergangenheit	*gelaufen, gesungen, gebracht*
Imperativ	Befehlsform	*Geh! Lies! Mach(e)! Lauft! Holen Sie!*

10. Indirekte Rede

Die indirekte Rede (nicht-wörtliche Rede) brauchen wir, um direkte Rede (wörtliche Rede) oder Aussagen anderer so wiederzugeben, dass der Leser erkennen kann, dass etwas wiedergegeben wird und nicht die Meinung dessen ist, der gerade spricht oder schreibt.

Typisches Beispiel: In der Tagesschau wird der Satz eines Politikers wiedergegeben. Dann heißt es immer:

> *»Der Bundeskanzler sagte dazu,* **er sei** *gegen Steuererhöhungen zum jetzigen Zeitpunkt. Für das nächste Jahr aber* **schließe er** *sie nicht aus.«*

Der Bundeskanzler hatte folgerichtig gesagt:

> »**Ich bin** *gegen Steuererhöhungen zum jetzigen Zeitpunkt. Für das nächste Jahr aber* **schließe ich** *sie nicht aus.«*

Die indirekte Rede kommt fast ausschließlich in der ersten und dritten Person Singular und Plural vor.

Beispiele:

Direkte Rede	***Indirekte Rede***
Präsens, Aktiv	
ich frage	*er frage*
wir fragen	*sie fragten*

Direkte Rede	*Indirekte Rede*
Präteritum, Aktiv	
ich fragte	*er habe gefragt*
wir fragten	*sie hätten gefragt*
Futur I, Aktiv	
ich werde fragen	*er werde fragen*
wir werden fragen	*sie würden fragen*
Perfekt, Aktiv	
ich habe gefragt	*er habe gefragt*
wir haben gefragt	*sie hätten gefragt*
Plusquamperfekt, Aktiv	
ich hatte gefragt	*er habe gefragt*
wir hatten gefragt	*sie hätten gefragt*
Futur II, Aktiv	
ich werde gefragt haben	*er werde gefragt haben*
wir werden gefragt haben	*sie würden gefragt haben*
Präsens, Passiv	
ich werde gefragt	*er werde gefragt*
wir werden gefragt	*sie würden gefragt*
Präteritum, Passiv	
ich wurde gefragt	*er sei gefragt worden*
wir wurden gefragt	*sie seien gefragt worden*
Futur I, Passiv	
ich werde gefragt werden	*er werde gefragt werden*
wir werden gefragt werden	*sie würden gefragt werden*
Perfekt, Passiv	
ich bin gefragt worden	*er sei gefragt worden*
wir sind gefragt worden	*sie seien gefragt worden*

Direkte Rede	*Indirekte Rede*
Plusquamperfekt, Passiv	
ich war gefragt worden	*er sei gefragt worden*
wir waren gefragt worden	*sie seien gefragt worden*
Futur II, Passiv	
ich werde gefragt worden sein	*er werde gefragt worden sein*
wir werden gefragt worden sein	*sie würden gefragt worden sein*

Merke:

»ich habe«	wird zu	»er habe«
»wir haben«	wird zu	»sie hätten«
»ich bin«	wird zu	»er sei«
»wir sind«	wird zu	»sie seien«
»ich werde«	wird zu	»er werde«
»wir werden«	wird zu	»sie würden«

Noch einfacher wird die indirekte Rede, wenn man sich vor Augen hält, dass die häufigsten Tempora das Präsens und das Perfekt sind:

»ich komme«	wird zu	»er komme«
»wir kommen«	wird zu	»sie kämen«
»ich bin gekommen«	wird zu	»er sei gekommen«
»wir sind gekommen«	wird zu	»sie seien gekommen«.
»ich frage«	wird zu	»er frage«
»wir fragen«	wird zu	»sie fragten«

»ich habe gefragt«	wird zu	»er habe gefragt«
»wir haben gefragt«	wird zu	»sie hätten gefragt«.

Hinweis:

Bei den unregelmäßigen Verben (lügen, vergessen etc.) bereitet der Konjunktiv Probleme, wenn die passende Form zur 3. Person Plural im Präsens gesucht wird:

ich lüge – er lüge
wir lügen – *sie lögen*

Die Lösung: Man bilde die 3. Person Plural Präteritum und forme den Vokal zu einem Umlaut um: »sie logen« wird zu »sie lögen«, »sie vergaßen« zu »sie vergäßen«.

11. Der Satz

Bereits oben (s. Kap. 1) war die Rede von Sätzen: Das sind Wortgebilde aus mehreren, mindestens aber zwei Wörtern.

Deutscher Begriff	Lateinischer Begriff	*Beispiel*
Hauptsatz		Leo singt.
a) Aussagesatz, Erzählsatz	a) Protokollsatz	Ich gehe. Im Winter schneit es oft.
b) Befehlssatz, Aufforderungssatz	b) Imperativsatz	Hör auf! Sei still!
c) Fragesatz	c) Interrogativsatz	Stimmt das? Soll ich morgen kommen?
d) Ausrufesatz		Das ist aber schön! Wie schlimm!
Satzreihe Nebenordnung gleichrangiger Sätze		Leo lügt, Rita Rachengold raucht, Max spinnt. Ich gehe einkaufen, anschließend mache ich eine Radtour, danach gehe ich zu Bett.

Satzverbindung		Leo lügt(,) und Rita Rachengold raucht(,) und Max spinnt.
Satzgefüge (Hauptsatz – Nebensatz)		Ich glaube, dass das Wetter schlechter wird. Ich werde das Abitur schaffen, wenn ich fleißig bin. Ich werde nicht oft krank, weil ich viele Vitamine zu mir nehme. Ich fahre zum Konzert, obwohl ich einen Husten habe.

Erkennungsmerkmale von Hauptsatz und Nebensatz:

I. Ein Hauptsatz verfügt mindestens über ***ein Subjekt*** und ***ein Prädikat***. Einen Hauptsatz kann man (fast) immer umstellen.
II. Das Prädikat steht an zweiter Stelle der Satzglieder (im Aussagesatz und dann, wenn der Hauptsatz dem Nebensatz vorangestellt ist).
III. Ein Hauptsatz kann normalerweise alleine stehen.
IV. Ein Hauptsatz kann durch eine Konjunktion eingeleitet werden.
V. Wenn der Nebensatz vor dem Hauptsatz steht, steht das Prädikat im (nachgestellten) Hauptsatz an erster Stelle.

I. Ein Nebensatz kann ***nicht*** *für sich alleine stehen.*
II. In Nebensätzen steht fast immer eine *Konjunktion am Anfang.*
III. In Nebensätzen steht das *finite (= gebeugte, konjugierte)* Verb fast immer *an letzter Stelle.*
IV. Bei einem Nebensatz kann man *keine Umstellprobe* vornehmen.
V. Relativsätze sind Nebensätze, in denen das Relativpronomen die Aufgabe der Konjunktion übernimmt.
VI. Schließlich gibt es auch noch Nebensätze, an deren Anfang ein Interrogativpronomen als Relativadverb steht. Diese Sätze heißen indirekte Fragesätze.

12. Deklinationstabellen

Im Folgenden sind komplette Deklinationen von Nomen / Substantiven mit Artikel und Adjektiv abgedruckt.

- Zur Erläuterung: N = Nominativ; G = Genitiv; D = Dativ; A = Akkusativ.

- Für den unbestimmten Artikel im Plural gibt es auch die Bezeichnung *Null-Artikel.*

- Bei der Deklination fällt auf, dass meistens Nominativ und Akkusativ identisch sind, sehr oft auch Genitiv und Dativ.

- In welchem Kasus ein Substantiv steht, lässt sich nur erkennen im Sinnzusammenhang eines Satzes:

Eine Gabel (Wer? Was? = Nominativ) liegt auf einem Tisch (Wem? = Dativ).

Die kleine Erna (Wer? Was? = Nominativ) sieht die Gabel (Wen? Was? = Akkusativ).

Sie nimmt die Gabel (Wen? Was? = Akkusativ) von dem Tisch (Wem? = Dativ) und legt sie in die Schublade (Wen? Was? = Akkusativ) unter dem Tisch (Wem? = Dativ).

Die Deklination von »der kleine Mann«

	Singular		Plural
der kleine Mann			
N	der kleine Mann	N	die kleinen Männer
G	des kleinen Mannes	G	der kleinen Männer
D	dem kleinen Mann(e)	D	den kleinen Männern
A	den kleinen Mann	A	die kleinen Männer
ein kleiner Mann			
N	ein kleiner Mann	N	kleine Männer
G	eines kleinen Mannes	G	kleiner Männer
D	einem kleinen Mann	D	kleinen Männern
A	einen kleinen Mann	A	kleine Männer

Die Deklination von »die kluge Frau«

	Singular		Plural
die kluge Frau			
N	die kluge Frau	N	die klugen Frauen
G	der klugen Frau	G	der klugen Frauen
D	der klugen Frau	D	den klugen Frauen
A	die kluge Frau	A	die klugen Frauen
eine kluge Frau			
N	eine kluge Frau	N	kluge Frauen
G	einer klugen Frau	G	kluger Frauen
D	einer klugen Frau	D	klugen Frauen
A	eine kluge Frau	A	kluge Frauen

Die Deklination von »das artige Kind«

	Singular		Plural
das artige Kind			
N	das artige Kind	N	die artigen Kinder
G	des artigen Kindes	G	der artigen Kinder
D	dem artigen Kind	D	den artigen Kindern
A	das artige Kind	A	die artigen Kinder
ein artiges Kind			
N	ein artiges Kind	N	artige Kinder
G	eines artigen Kindes	G	artiger Kinder
D	einem artigen Kind	D	artigen Kindern
A	ein artiges Kind	A	artige Kinder

13. Konjugationstabellen

Die Kürzel »PS« und »PP« stehen für »Person« und »Singular« bzw. »Plural«!

Präsens - Aktiv - Indikativ

1. PS:	ich	bin	
2. PS:	du	bist	
3. PS:	er, sie, es	ist	
1. PP:	wir	sind	
2. PP:	ihr	seid	
3. PP:	sie	sind	

Präteritum - Aktiv -Indikativ

1. PS:	ich	war	
2. PS:	du	warst	
3. PS:	er, sie, es	war	
1. PP:	wir	waren	
2. PP:	ihr	wart	
3. PP:	sie	waren	

Futur I - Aktiv - Indikativ

1. PS:	ich	werde	sein
2. PS:	du	wirst	sein
3. PS:	er, sie, es	wird	sein
1. PP:	wir	werden	sein
2. PP:	ihr	werdet	sein
3. PP:	sie	werden	sein

Perfekt - Aktiv - Indikativ

1. PS:	ich	bin	gewesen
2. PS:	du	bist	gewesen
3. PS:	er, sie, es	ist	gewesen
1. PP:	wir	sind	gewesen
2. PP:	ihr	seid	gewesen
3. PP:	sie	sind	gewesen

Plusquamperfekt - Aktiv - Indikativ

1. PS:	ich	war	gewesen
2. PS:	du	warst	gewesen
3. PS:	er, sie, es	war	gewesen
1. PP:	wir	waren	gewesen
2. PP:	ihr	wart	gewesen
3. PP:	sie	waren	gewesen

Futur II - Aktiv - Indikativ

1. PS:	ich	werde	gewesen sein
2. PS:	du	wirst	gewesen sein
3. PS:	er, sie, es	wird	gewesen sein
1. PP:	wir	werden	gewesen sein
2. PP:	ihr	werdet	gewesen sein
3. PP:	sie	werden	gewesen sein

Infinitiv:	sein
Partizip Präsens:	seiend
Partizip Perfekt:	gewesen

Präsens - Aktiv - Konjunktiv

1. PS:	ich	sei
2. PS:	du	sei(e)st
3. PS:	er, sie, es	sei
1. PP:	wir	seien
2. PP:	ihr	seiet
3. PP:	sie	seien

Präteritum - Aktiv - Konjunktiv

1. PS:	ich	wäre
2. PS:	du	wärest
3. PS:	er, sie, es	wäre
1. PP:	wir	wären
2. PP:	ihr	wäret
3. PP:	sie	wären

Futur I - Aktiv - Konjunktiv

1. PS:	ich	werde	sein
2. PS:	du	werdest	sein
3. PS:	er, sie, es	werde	sein
1. PP:	wir	werden	sein
2. PP:	ihr	werdet	sein
3. PP:	sie	werden	sein

Perfekt - Aktiv - Konjunktiv

1. PS:	ich	sei	gewesen
2. PS:	du	sei(e)st	gewesen
3. PS:	er, sie, es	sei	gewesen
1. PP:	wir	seien	gewesen
2. PP:	ihr	seiet	gewesen
3. PP:	sie	seien	gewesen

Plusquamperfekt - Aktiv - Konjunktiv

1. PS:	ich	wäre	gewesen
2. PS:	du	wär(e)st	gewesen
3. PS:	er, sie, es	wäre	gewesen
1. PP:	wir	wären	gewesen
2. PP:	ihr	wär(e)t	gewesen
3. PP:	sie	wären	gewesen

Futur II - Aktiv - Konjunktiv

1. PS:	ich	werde	gewesen sein
2. PS:	du	werdest	gewesen sein
3. PS:	er, sie, es	werde	gewesen sein
1. PP:	wir	werden	gewesen sein
2. PP:	ihr	werdet	gewesen sein
3. PP:	sie	werden	gewesen sein

Imperativ im Singular:	sei!
Imperativ im Plural:	seid!
Imperativ in der Sie-Form:	seien Sie!

Präsens - Aktiv - Indikativ			
1. PS:	ich	habe	
2. PS:	du	hast	
3. PS:	er, sie, es	hat	
1. PP:	wir	haben	
2. PP:	ihr	habt	
3. PP:	sie	haben	
Präteritum - Aktiv -Indikativ			
1. PS:	ich	hatte	
2. PS:	du	hattest	
3. PS:	er, sie, es	hatte	
1. PP:	wir	hatten	
2. PP:	ihr	hattet	
3. PP:	sie	hatten	
Futur I - Aktiv - Indikativ			
1. PS:	ich	werde	haben
2. PS:	du	wirst	haben
3. PS:	er, sie, es	wird	haben
1. PP:	wir	werden	haben
2. PP:	ihr	werdet	haben
3. PP:	sie	werden	haben
Perfekt - Aktiv - Indikativ			
1. PS:	ich	habe	gehabt
2. PS:	du	hast	gehabt
3. PS:	er, sie, es	hat	gehabt
1. PP:	wir	haben	gehabt
2. PP:	ihr	habt	gehabt
3. PP:	sie	haben	gehabt
Plusquamperfekt - Aktiv - Indikativ			
1. PS:	ich	hatte	gehabt
2. PS:	du	hattest	gehabt
3. PS:	er, sie, es	hatte	gehabt
1. PP:	wir	hatten	gehabt
2. PP:	ihr	hattet	gehabt
3. PP:	sie	hatten	gehabt
Futur II - Aktiv - Indikativ			
1. PS:	ich	werde	gehabt haben
2. PS:	du	wirst	gehabt haben
3. PS:	er, sie, es	wird	gehabt haben
1. PP:	wir	werden	gehabt haben
2. PP:	ihr	werdet	gehabt haben
3. PP:	sie	werden	gehabt haben
Infinitiv:		haben	
Partizip Präsens:		habend	
Partizip Perfekt:		gehabt	

Präsens - Aktiv - Konjunktiv

1. PS:	ich	habe
2. PS:	du	habest
3. PS:	er, sie, es	habe
1. PP:	wir	haben
2. PP:	ihr	habet
3. PP:	sie	haben

Präteritum - Aktiv - Konjunktiv

1. PS:	ich	hätte
2. PS:	du	hättest
3. PS:	er, sie, es	hätte
1. PP:	wir	hätten
2. PP:	ihr	hättet
3. PP:	sie	hätten

Futur I - Aktiv - Konjunktiv

1. PS:	ich	werde	haben
2. PS:	du	werdest	haben
3. PS:	er, sie, es	werde	haben
1. PP:	wir	werden	haben
2. PP:	ihr	werdet	haben
3. PP:	sie	werden	haben

Perfekt - Aktiv - Konjunktiv

1. PS:	ich	habe	gehabt
2. PS:	du	habest	gehabt
3. PS:	er, sie, es	habe	gehabt
1. PP:	wir	haben	gehabt
2. PP:	ihr	habet	gehabt
3. PP:	sie	haben	gehabt

Plusquamperfekt - Aktiv - Konjunktiv

1. PS:	ich	hätte	gehabt
2. PS:	du	hättest	gehabt
3. PS:	er, sie, es	hätte	gehabt
1. PP:	wir	hätten	gehabt
2. PP:	ihr	hättet	gehabt
3. PP:	sie	hätten	gehabt

Futur II - Aktiv - Konjunktiv

1. PS:	ich	werde	gehabt haben
2. PS:	du	werdest	gehabt haben
3. PS:	er, sie, es	werde	gehabt haben
1. PP:	wir	werden	gehabt haben
2. PP:	ihr	werdet	gehabt haben
3. PP:	sie	werden	gehabt haben

Imperativ im Singular:	hab(e)!
Imperativ im Plural:	habt!
Imperativ in der Sie-Form:	haben Sie!

Präsens - Aktiv - Indikativ

1. PS:	ich	werde	
2. PS:	du	wirst	
3. PS:	er, sie, es	wird	
1. PP:	wir	werden	
2. PP:	ihr	werdet	
3. PP:	sie	werden	

Präteritum - Aktiv -Indikativ

1. PS:	ich	wurde	
2. PS:	du	wurdest	
3. PS:	er, sie, es	wurde	
1. PP:	wir	wurden	
2. PP:	ihr	wurdet	
3. PP:	sie	wurden	

Futur I - Aktiv - Indikativ

1. PS:	ich	werde	werden
2. PS:	du	wirst	werden
3. PS:	er, sie, es	wird	werden
1. PP:	wir	werden	werden
2. PP:	ihr	werdet	werden
3. PP:	sie	werden	werden

Perfekt - Aktiv - Indikativ

1. PS:	ich	bin	geworden
2. PS:	du	bist	geworden
3. PS:	er, sie, es	ist	geworden
1. PP:	wir	sind	geworden
2. PP:	ihr	seid	geworden
3. PP:	sie	sind	geworden

Plusquamperfekt - Aktiv - Indikativ

1. PS:	ich	war	geworden
2. PS:	du	warst	geworden
3. PS:	er, sie, es	war	geworden
1. PP:	wir	waren	geworden
2. PP:	ihr	war(e)t	geworden
3. PP:	sie	waren	geworden

Futur II - Aktiv - Indikativ

1. PS:	ich	werde	geworden sein
2. PS:	du	wirst	geworden sein
3. PS:	er, sie, es	wird	geworden sein
1. PP:	wir	werden	geworden sein
2. PP:	ihr	werdet	geworden sein
3. PP:	sie	werden	geworden sein

Infinitiv:	werden
Partizip Präsens:	werdend
Partizip Perfekt:	geworden

Präsens - Aktiv - Konjunktiv

1. PS:	ich	werde	
2. PS:	du	werdest	
3. PS:	er, sie, es	werde	
1. PP:	wir	werden	
2. PP:	ihr	werdet	
3. PP:	sie	werden	

Präteritum - Aktiv - Konjunktiv

1. PS:	ich	würde	
2. PS:	du	würdest	
3. PS:	er, sie, es	würde	
1. PP:	wir	würden	
2. PP:	ihr	würdet	
3. PP:	sie	würden	

Futur I - Aktiv - Konjunktiv

1. PS:	ich	werde	werden
2. PS:	du	werdest	werden
3. PS:	er, sie, es	werde	werden
1. PP:	wir	werden	werden
2. PP:	ihr	werdet	werden
3. PP:	sie	werden	werden

Perfekt - Aktiv - Konjunktiv

1. PS:	ich	sei	geworden
2. PS:	du	sei(e)st	geworden
3. PS:	er, sie, es	sei	geworden
1. PP:	wir	seien	geworden
2. PP:	ihr	seiet	geworden
3. PP:	sie	seien	geworden

Plusquamperfekt - Aktiv - Konjunktiv

1. PS:	ich	wäre	geworden
2. PS:	du	wär(e)st	geworden
3. PS:	er, sie, es	wäre	geworden
1. PP:	wir	wären	geworden
2. PP:	ihr	wär(e)t	geworden
3. PP:	sie	wären	geworden

Futur II - Aktiv - Konjunktiv

1. PS:	ich	werde	geworden sein
2. PS:	du	werdest	geworden sein
3. PS:	er, sie, es	werde	geworden sein
1. PP:	wir	werden	geworden sein
2. PP:	ihr	werdet	geworden sein
3. PP:	sie	werden	geworden sein

Imperativ im Singular:	werde!
Imperativ im Plural:	werdet!
Imperativ in der Sie-Form:	werden Sie!

Präsens - Aktiv - Indikativ

1. PS:	ich	ziehe	
2. PS:	du	ziehst	
3. PS:	er, sie, es	zieht	
1. PP:	wir	ziehen	
2. PP:	ihr	zieht	
3. PP:	sie	ziehen	

Präteritum - Aktiv - Indikativ

1. PS:	ich	zog	
2. PS:	du	zogst	
3. PS:	er, sie, es	zog	
1. PP:	wir	zogen	
2. PP:	ihr	zogt	
3. PP:	sie	zogen	

Futur I - Aktiv - Indikativ

1. PS:	ich	werde	ziehen
2. PS:	du	wirst	ziehen
3. PS:	er, sie, es	wird	ziehen
1. PP:	wir	werden	ziehen
2. PP:	ihr	werdet	ziehen
3. PP:	sie	werden	ziehen

Perfekt - Aktiv - Indikativ

1. PS:	ich	habe/bin	gezogen
2. PS:	du	hast/bist	gezogen
3. PS:	er, sie, es	hat/ist	gezogen
1. PP:	wir	haben/sind	gezogen
2. PP:	ihr	habt/seid	gezogen
3. PP:	sie	haben/sind	gezogen

Plusquamperfekt - Aktiv - Indikativ

1. PS:	ich	hatte/war	gezogen
2. PS:	du	hattest/warst	gezogen
3. PS:	er, sie, es	hatte/war	gezogen
1. PP:	wir	hatten/waren	gezogen
2. PP:	ihr	hattet/wart	gezogen
3. PP:	sie	hatten/waren	gezogen

Futur II - Aktiv - Indikativ

1. PS:	ich	werde	gezogen haben/sein
2. PS:	du	wirst	gezogen haben/sein
3. PS:	er, sie, es	wird	gezogen haben/sein
1. PP:	wir	werden	gezogen haben/sein
2. PP:	ihr	werdet	gezogen haben/sein
3. PP:	sie	werden	gezogen haben/sein

Das Verb »ziehen« kann im Aktiv die Tempora Perfekt, Plusquamperfekt und Futur II – wie gesehen – mit den Hilfsverben »sein« und »haben« bilden: Ich bin nach München gezogen; ich war nach München gezogen; ich werde nach

Präsens - Aktiv - Konjunktiv

1. PS:	ich	ziehe	
2. PS:	du	ziehest	
3. PS:	er, sie, es	ziehe	
1. PP:	wir	ziehen	
2. PP:	ihr	ziehet	
3. PP:	sie	ziehen	

Präteritum - Aktiv - Konjunktiv

1. PS:	ich	zöge	
2. PS:	du	zög(e)st	
3. PS:	er, sie, es	zöge	
1. PP:	wir	zögen	
2. PP:	ihr	zöget	
3. PP:	sie	zögen	

Futur I - Aktiv - Konjunktiv

1. PS:	ich	werde	ziehen
2. PS:	du	werdest	ziehen
3. PS:	er, sie, es	werde	ziehen
1. PP:	wir	werden	ziehen
2. PP:	ihr	werdet	ziehen
3. PP:	sie	werden	ziehen

Perfekt - Aktiv - Konjunktiv

1. PS:	ich	habe/sei	gezogen
2. PS:	du	habest/seiest	gezogen
3. PS:	er, sie, es	habe/sei	gezogen
1. PP:	wir	haben/seien	gezogen
2. PP:	ihr	habet/seiet	gezogen
3. PP:	sie	haben/seien	gezogen

Plusquamperfekt - Aktiv - Konjunktiv

1. PS:	ich	hätte/wäre	gezogen
2. PS:	du	hättest/wärest	gezogen
3. PS:	er, sie, es	hätte/wäre	gezogen
1. PP:	wir	hätten/wären	gezogen
2. PP:	ihr	hättet/wäret	gezogen
3. PP:	sie	hätten/wären	gezogen

Futur II - Aktiv - Konjunktiv

1. PS:	ich	werde	gezogen haben/sein
2. PS:	du	werdest	gezogen haben/sein
3. PS:	er, sie, es	werde	gezogen haben/sein
1. PP:	wir	werden	gezogen haben/sein
2. PP:	ihr	werdet	gezogen haben/sein
3. PP:	sie	werden	gezogen haben/sein

München gezogen sein. Aber: Ich habe einen Karren gezogen; ich hatte einen Karren gezogen.

Präsens - Passiv - Indikativ

1. PS:	ich	werde	gezogen
2. PS:	du	wirst	gezogen
3. PS:	er, sie, es	wird	gezogen
1. PP:	wir	werden	gezogen
2. PP:	ihr	werdet	gezogen
3. PP:	sie	werden	gezogen

Präteritum - Passiv - Indikativ

1. PS:	ich	wurde	gezogen
2. PS:	du	wurdest	gezogen
3. PS:	er, sie, es	wurde	gezogen
1. PP:	wir	wurden	gezogen
2. PP:	ihr	wurdet	gezogen
3. PP:	sie	wurden	gezogen

Futur I - Passiv - Indikativ

1. PS:	ich	werde	gezogen werden
2. PS:	du	wirst	gezogen werden
3. PS:	er, sie, es	wird	gezogen werden
1. PP:	wir	werden	gezogen werden
2. PP:	ihr	werdet	gezogen werden
3. PP:	sie	werden	gezogen werden

Perfekt - Passiv - Indikativ

1. PS:	ich	bin	gezogen worden
2. PS:	du	bist	gezogen worden
3. PS:	er, sie, es	ist	gezogen worden
1. PP:	wir	sind	gezogen worden
2. PP:	ihr	seid	gezogen worden
3. PP:	sie	sind	gezogen worden

Plusquamperfekt - Passiv - Indikativ

1. PS:	ich	war	gezogen worden
2. PS:	du	warst	gezogen worden
3. PS:	er, sie, es	war	gezogen worden
1. PP:	wir	waren	gezogen worden
2. PP:	ihr	wart	gezogen worden
3. PP:	sie	waren	gezogen worden

Futur II - Passiv - Indikativ

1. PS:	ich	werde	gezogen worden sein
2. PS:	du	wirst	gezogen worden sein
3. PS:	er, sie, es	wird	gezogen worden sein
1. PP:	wir	werden	gezogen worden sein
2. PP:	ihr	werdet	gezogen worden sein
3. PP:	sie	werden	gezogen worden sein

Infinitiv:	ziehen
Partizip Präsens:	ziehend
Partizip Perfekt:	gezogen

Präsens - Passiv - Konjunktiv

1. PS:	ich	werde	gezogen
2. PS:	du	werdest	gezogen
3. PS:	er, sie, es	werde	gezogen
1. PP:	wir	werden	gezogen
2. PP:	ihr	werdet	gezogen
3. PP:	sie	werden	gezogen

Präteritum - Passiv - Konjunktiv

1. PS:	ich	würde	gezogen
2. PS:	du	würdest	gezogen
3. PS:	er, sie, es	würde	gezogen
1. PP:	wir	würden	gezogen
2. PP:	ihr	würdet	gezogen
3. PP:	sie	würden	gezogen

Futur I - Passiv - Konjunktiv

1. PS:	ich	werde	gezogen werden
2. PS:	du	werdest	gezogen werden
3. PS:	er, sie, es	werde	gezogen werden
1. PP:	wir	werden	gezogen werden
2. PP:	ihr	werdet	gezogen werden
3. PP:	sie	werden	gezogen werden

Perfekt - Passiv - Konjunktiv

1. PS:	ich	sei	gezogen worden
2. PS:	du	sei(e)st	gezogen worden
3. PS:	er, sie, es	sei	gezogen worden
1. PP:	wir	seien	gezogen worden
2. PP:	ihr	seiet	gezogen worden
3. PP:	sie	seien	gezogen worden

Plusquamperfekt - Passiv - Konjunktiv

1. PS:	ich	wäre	gezogen worden
2. PS:	du	wärest	gezogen worden
3. PS:	er, sie, es	wäre	gezogen worden
1. PP:	wir	wären	gezogen worden
2. PP:	ihr	wäret	gezogen worden
3. PP:	sie	wären	gezogen worden

Futur II - Passiv - Konjunktiv

1. PS:	ich	werde	gezogen worden sein
2. PS:	du	werdest	gezogen worden sein
3. PS:	er, sie, es	werde	gezogen worden sein
1. PP:	wir	werden	gezogen worden sein
2. PP:	ihr	werdet	gezogen worden sein
3. PP:	sie	werden	gezogen worden sein

Imperativ im Singular:	zieh(e)!
Imperativ im Plural:	zieht!
Imperativ in der Sie-Form:	ziehen Sie!

Präsens - Aktiv - Indikativ

1. PS:	ich	frage
2. PS:	du	fragst
3. PS:	er, sie, es	fragt
1. PP:	wir	fragen
2. PP:	ihr	fragt
3. PP:	sie	fragen

Präteritum - Aktiv - Indikativ

1. PS:	ich	fragte
2. PS:	du	fragtest
3. PS:	er, sie, es	fragte
1. PP:	wir	fragten
2. PP:	ihr	fragtet
3. PP:	sie	fragten

Futur I - Aktiv - Indikativ

1. PS:	ich	werde	fragen
2. PS:	du	wirst	fragen
3. PS:	er, sie, es	wird	fragen
1. PP:	wir	werden	fragen
2. PP:	ihr	werdet	fragen
3. PP:	sie	werden	fragen

Perfekt - Aktiv - Indikativ

1. PS:	ich	habe	gefragt
2. PS:	du	hast	gefragt
3. PS:	er, sie, es	hat	gefragt
1. PP:	wir	haben	gefragt
2. PP:	ihr	habt	gefragt
3. PP:	sie	haben	gefragt

Plusquamperfekt - Aktiv - Indikativ

1. PS:	ich	hatte	gefragt
2. PS:	du	hattest	gefragt
3. PS:	er, sie, es	hatte	gefragt
1. PP:	wir	hatten	gefragt
2. PP:	ihr	hattet	gefragt
3. PP:	sie	hatten	gefragt

Futur II - Aktiv - Indikativ

1. PS:	ich	werde	gefragt haben
2. PS:	du	wirst	gefragt haben
3. PS:	er, sie, es	wird	gefragt haben
1. PP:	wir	werden	gefragt haben
2. PP:	ihr	werdet	gefragt haben
3. PP:	sie	werden	gefragt haben

Vom Verb »fragen« gibt es das Präteritum auch noch in folgender Variante: ich frug; du frugst; er, sie, es frug; wir frugen; ihr frugt; sie frugen. Diese Form der

Präsens - Aktiv - Konjunktiv

1. PS:	ich	frage
2. PS:	du	fragest
3. PS:	er, sie, es	frage
1. PP:	wir	fragen
2. PP:	ihr	fraget
3. PP:	sie	fragen

Präteritum - Aktiv - Konjunktiv

1. PS:	ich	fragte
2. PS:	du	fragtest
3. PS:	er, sie, es	fragte
1. PP:	wir	fragten
2. PP:	ihr	fragtet
3. PP:	sie	fragten

Futur I - Aktiv - Konjunktiv

1. PS:	ich	werde	fragen
2. PS:	du	werdest	fragen
3. PS:	er, sie, es	werde	fragen
1. PP:	wir	werden	fragen
2. PP:	ihr	werdet	fragen
3. PP:	sie	werden	fragen

Perfekt - Aktiv - Konjunktiv

1. PS:	ich	habe	gefragt
2. PS:	du	habest	gefragt
3. PS:	er, sie, es	habe	gefragt
1. PP:	wir	haben	gefragt
2. PP:	ihr	habet	gefragt
3. PP:	sie	haben	gefragt

Plusquamperfekt - Aktiv - Konjunktiv

1. PS:	ich	hätte	gefragt
2. PS:	du	hättest	gefragt
3. PS:	er, sie, es	hätte	gefragt
1. PP:	wir	hätten	gefragt
2. PP:	ihr	hättet	gefragt
3. PP:	sie	hätten	gefragt

Futur II - Aktiv - Konjunktiv

1. PS:	ich	werde	gefragt haben
2. PS:	du	werdest	gefragt haben
3. PS:	er, sie, es	werde	gefragt haben
1. PP:	wir	werden	gefragt haben
2. PP:	ihr	werdet	gefragt haben
3. PP:	sie	werden	gefragt haben

Beugung ist allerdings völlig ungebräuchlich, aber dessen ungeachtet auch richtig!

Präsens - Passiv - Indikativ

1. PS:	ich	werde	gefragt
2. PS:	du	wirst	gefragt
3. PS:	er, sie, es	wird	gefragt
1. PP:	wir	werden	gefragt
2. PP:	ihr	werdet	gefragt
3. PP:	sie	werden	gefragt

Präteritum - Passiv - Indikativ

1. PS:	ich	wurde	gefragt
2. PS:	du	wurdest	gefragt
3. PS:	er, sie, es	wurde	gefragt
1. PP:	wir	wurden	gefragt
2. PP:	ihr	wurdet	gefragt
3. PP:	sie	wurden	gefragt

Futur I - Passiv - Indikativ

1. PS:	ich	werde	gefragt werden
2. PS:	du	wirst	gefragt werden
3. PS:	er, sie, es	wird	gefragt werden
1. PP:	wir	werden	gefragt werden
2. PP:	ihr	werdet	gefragt werden
3. PP:	sie	werden	gefragt werden

Perfekt - Passiv - Indikativ

1. PS:	ich	bin	gefragt worden
2. PS:	du	bist	gefragt worden
3. PS:	er, sie, es	ist	gefragt worden
1. PP:	wir	sind	gefragt worden
2. PP:	ihr	seid	gefragt worden
3. PP:	sie	sind	gefragt worden

Plusquamperfekt - Passiv - Indikativ

1. PS:	ich	war	gefragt worden
2. PS:	du	warst	gefragt worden
3. PS:	er, sie, es	war	gefragt worden
1. PP:	wir	waren	gefragt worden
2. PP:	ihr	war(e)t	gefragt worden
3. PP:	sie	waren	gefragt worden

Futur II - Passiv - Indikativ

1. PS:	ich	werde	gefragt worden sein
2. PS:	du	wirst	gefragt worden sein
3. PS:	er, sie, es	wird	gefragt worden sein
1. PP:	wir	werden	gefragt worden sein
2. PP:	ihr	werdet	gefragt worden sein
3. PP:	sie	werden	gefragt worden sein

Infinitiv:	fragen
Partizip Präsens:	fragend
Partizip Perfekt:	gefragt

Präsens - Passiv - Konjunktiv

1. PS:	ich	werde	gefragt
2. PS:	du	werdest	gefragt
3. PS:	er, sie, es	werde	gefragt
1. PP:	wir	werden	gefragt
2. PP:	ihr	werdet	gefragt
3. PP:	sie	werden	gefragt

Präteritum - Passiv - Konjunktiv

1. PS:	ich	würde	gefragt
2. PS:	du	würdest	gefragt
3. PS:	er, sie, es	würde	gefragt
1. PP:	wir	würden	gefragt
2. PP:	ihr	würdet	gefragt
3. PP:	sie	würden	gefragt

Futur I - Passiv - Konjunktiv

1. PS:	ich	werde	gefragt werden
2. PS:	du	werdest	gefragt werden
3. PS:	er, sie, es	werde	gefragt werden
1. PP:	wir	werden	gefragt werden
2. PP:	ihr	werdet	gefragt werden
3. PP:	sie	werden	gefragt werden

Perfekt - Passiv - Konjunktiv

1. PS:	ich	sei	gefragt worden
2. PS:	du	sei(e)st	gefragt worden
3. PS:	er, sie, es	sei	gefragt worden
1. PP:	wir	seien	gefragt worden
2. PP:	ihr	seiet	gefragt worden
3. PP:	sie	seien	gefragt worden

Plusquamperfekt - Passiv - Konjunktiv

1. PS:	ich	wäre	gefragt worden
2. PS:	du	wärest	gefragt worden
3. PS:	er, sie, es	wäre	gefragt worden
1. PP:	wir	wären	gefragt worden
2. PP:	ihr	wäret	gefragt worden
3. PP:	sie	wären	gefragt worden

Futur II - Passiv - Konjunktiv

1. PS:	ich	werde	gefragt worden sein
2. PS:	du	werdest	gefragt worden sein
3. PS:	er, sie, es	werde	gefragt worden sein
1. PP:	wir	werden	gefragt worden sein
2. PP:	ihr	werdet	gefragt worden sein
3. PP:	sie	werden	gefragt worden sein

Imperativ im Singular:	frag(e)!
Imperativ im Plural:	fragt!
Imperativ in der Sie-Form:	fragen Sie!

14. Wortarten im Überblick

Lateinischer Begriff	Deutscher Begriff	*Beispiele*
Nomen/Substantiv	Hauptwort	*Haus, Zeit, Liebe*
das Abstraktum	abstraktes Hauptwort	*Ehe, Freude*
das Konkretum	konkretes Hauptwort	*Hund, Gabel, Stuhl*
Verb	Tätigkeitswort	*gehen, singen, sehen*
Vollverb	eigenständiges Tätigkeitswort	*hören, riechen*
Hilfsverb	uneigenständiges Tätigkeitswort	*sein, werden, haben*
Modalverb	Tätigkeitswort für Gebote/Verbote	*sollen, müssen, dürfen*
starkes, unregelmäßiges Verb	starkes, unregelmäßiges Tätigkeitswort	*lügen, log, gelogen*
schwaches, regelmäßiges Verb	schwaches, regelmäßiges Tätigkeitswort	*malen, malte, gemalt*
Adjektiv	Eigenschaftswort	*schön, groß, grün*
Artikel	Geschlechtswort	*der, die, ein, eine*
bestimmter Artikel	Geschlechtswort	*der, die, das*
unbestimmter Artikel	Geschlechtswort	*ein, eine*
Pronomen	Fürwort	*ich, du, mein, wer*
Personalpronomen	persönliches Fürwort	*ich, du,er, sie, es*
Relativpronomen	bezügliches Fürwort	Hunde, *die* bellen...

Possessivpronomen	besitzanzeigendes Fürwort	*mein* Hund, *dein* Hut
Demonstrativ-pronomen	hinweisendes Fürwort	*dieser, jener* Hund
Interrogativpronomen	Fragefürwort	*Wer? Was? Wo? Wie?*
Indefinitpronomen	unbestimmtes Fürwort	*alle, etwas, man*
Reflexivpronomen	rückbezügliches Fürwort	*sich*
Adverb	Umstandswort	*heute, gern, dort*
Adverb der Zeit	Umstandswort der Zeit	*morgen, jetzt, bald*
Adverb des Ortes	Umstandswort des Ortes	*oben, hier, drinnen*
Adverb des Grundes	Umstandswort des Grundes	*daher, darum,deshalb*
Adverb der Art und Weise	Umstandswort der Art und Weise	*sehr, ziemlich*
Numerale	Zahlwort	*eins, zwei, der erste, der zweite*
Präposition	Verhältniswort	*in, an, auf, über*

Konjunktion	Bindewort	*oder, weil, wenn*
Konjunktion	beiordnendes Bindewort	*und, oder*
Subjunktion	unterordnendes Bindewort	*dass, weil, wenn, ob*
Interjektion	Empfindungswort	*pfui, oh, igitt*

15. Satzglieder im Überblick

Satzglied	Erkennungsmerkmal	*Beispiel*
Subjekt	Frage: wer oder was? (steht im Nominativ)	*Hubert Hummel* hustet.
Prädikat	Frage: Was *tut* das Subjekt des Satzes?	Hubert Hummel *hustet.*
Nominativ-Ergänzung (=Prädikatsnomen = Prädikativum)	Frage: Wer oder was *ist, wird, bleibt* das Subjekt des Satzes?	Detlev Dornenvogel ist *ein Sänger.*
Genitiv-Objekt	Frage: wessen + Verb. Wessen wurde Max überführt?	Max wurde *eines Diebstahls* überführt.
Dativ-Objekt	Frage: wem?	Lea schenkt *Leo* Lupinen.
Akkusativ-Objekt	Frage: wen oder was?	Lea schenkt Leo *Lupinen.*
Präpositionalobjekt	Wenn mit Verb und einer ganz bestimmten Präposition gefragt werden muss	Lea denkt *an Leo.* (an jemanden denken)

Adverbiale Bestimmung des Ortes	Fragen: wo, woher, wohin?	Lea geht *nach Hause*.
Adverbiale Bestimmung der Zeit	Fragen: wann, seit wann, bis wann, wie lange, wie oft?	Lea gibt Leo *in einem Monat* den Korb.
Adverbiale Bestimmung der Art und Weise	Fragen: wie, wie sehr, auf welche Weise?	*Ohne Mühe* konnte der Zahn gezogen werden.
Adverbiale Bestimmung des Mittels	Fragen: womit, wodurch?	Leo malt *mit seinem Pinsel*.
Adverbiale Bestimmung des Zwecks	Fragen: wozu, in welcher Absicht?	Bodo Bockbier geht *zum Einkaufen* in die Stadt.
Adverbiale Bestimmung der Bedingung	Frage: unter welcher Bedingung?	*Bei größerer Umsicht* hätte Leo überlebt.
Adverbiale Bestimmung der Folge	Fragen: mit welcher Folge, welcher Wirkung?	Der Unterricht war *zum Davonlaufen*.
Adverbiale Bestimmung des Grundes	Fragen: warum, weshalb?	Steffi Steiner jubelte *vor Freude*.
Adverbiale Bestimmung der Einräumung	Fragen: trotz wessen, trotz welchen Umstandes?	*Trotz des Gewitters* ging Lea zu Leo.
Adverbiale Bestimmung der Zahl	Fragen: wie oft, wie viel?	*Dreimal* schrie Luzi Luzifer.

Prädikativum (=Prädikatsnomen)	Frage: Wer oder was *ist, bleibt, wird* das Subjekt?	Daniel Dobermann ist *klug*.
Attribut	Steht bei einem Substantiv und kann nur mit ihm umgestellt werden.	Der *grüne* Hund *des Schneiders* ist lieb.

Hinweis:

- Zum Genitiv-Objekt siehe Informationen auf S. 15
- Zur Nominativ-Ergänzung siehe Informationen auf S. 17

16. Grammatische Grundbegriffe auf Deutsch, Lateinisch, Englisch und Französisch

Deutsch	Lateinisch	Englisch	Französisch
Aussageweise	Modus	mode	le mode
Begleiter	Artikel	article	l'article
Beifügung	Attribut	attribute	l'épithète
Beugung (Hauptwort)	Deklination	declension	déclinaison
Beugung (Zeitwort)	Konjugation	conjugation	conjugaison
Bindewort	Konjunktion	conjunction	conjonction
Bindewort (nebenordnend)	Konjunktion	conjunction co-ordinating	conjonction de co-ordination
Bindewort (unterordnend)	Subjunktion	conjunction sub-ordinating	conjonction d. sub-ordination
Eigenschaftswort	Adjektiv	adjective	l'adjectif
Einzahl	Singular	singular	singulier
Fall	Kasus	case	le cas
Fürwort	Pronomen	pronoun	le pronom
Fürwort, besitzanzeigendes	Possessivpronomen	possessive pronoun	le pronom possessif
Fürwort, bezügliches	Relativpronomen	relative pronoun	le pronom relatif
Fürwort, Fragefürwort	Interrogativpronomen	interrogative pronoun	le pronom interrogatif
Fürwort, hinweisendes	Demonstrativpronomen	demonstrative pronoun	le pronom démonstratif

Fürwort, persönliches	Personalpronomen	personal pronoun	le pronom personnel
Fürwort, rückbezügliches	Reflexivpronomen	reflexive pronoun	le pronom réfléchi
Fürwort, unbestimmtes	Indefinitpronomen	indefinite pronoun	le pronom indéfini
Gegenwart	Präsens	present tense	le présent
Geschlecht	Genus	gender	le genre
Geschlechtswort	Artikel	article	l'article
Gliedsatz		subclause	la proposition subordonnée
Grundform des Tätigkeitswortes	Infinitiv	infinitive	l'infinitif
Handlungsart	Genus verbi	voice of verb	la voix du verbe
Hauptsatz		main clause	la proposition principale
Hauptwort	Nomen/Substantiv	noun	le nom
Leideform	Passiv	passive voice	le passif
Mehrzahl	Plural	plural	le pluriel
Mittelwort d. Gegenwart	Partizip Präsens	present participle	le participe présent
Mittelwort d. Vergangenenheit	Partizip Perfekt	past participle	le participe passé
Möglichkeitsform	Konjunktiv	subjunctive	le subjonctif
Nebensatz		subclause	la proposition subordonnée
Satz	Sententia	sentence	la phrase

Deutsch	Lateinisch	Englisch	Französisch
Satzaussage	Prädikat	verb	le verbe
Satzergänzung	Objekt	object	l'objet
Satzgefüge	Hypotaxe	complex sentence	la phrase complexe
Satzgegenstand	Subjekt	subject	le sujet
Satzglied		part of sentence	la partie de la phrase
Satzreihe	Parataxe	compound sentence	la parataxe
Steigerung/Vergleich	Komparation	comparison	la comparaison
Steigerung - Grundstufe	Positiv	positive	le positif
Steigerung - Vergleichsstufe	Komparativ	comparative	le comparatif
Steigerung - Höchststufe	Superlativ	superlative	le superlatif
Tatform	Aktiv	active voice	l'actif
Umstandsbestimmung	Adverbiale	adverbial	le complément circonstantiel
Umstandswort	Adverb	adverb	l`adverbe
Vergangenheit	Präteritum/Imperfekt	past tense	le passé simple/l'imparfait
Verhältniswort	Präposition	preposition	la préposition
vollendete Gegenwart	Perfekt	present perfect	le passé composé

vollendete Vergangenheit	Plusquamperfekt	past perfect	le passé antérieur / le plus-que-parfait
vollendete Zukunft	Futur II	future perfect	le futur antérieur
Wer-Fall	Nominativ	nominative	le nominatif
Wes-Fall	Genitiv	genitive/possessive case	le génitif
Wem-Fall	Dativ	object case/indirect object	le datif
Wen-Fall	Akkusativ	object case/direct obj.	l'accusatif/l'obj. direct
Wirklichkeitsform	Indikativ	indicative	l'indicatif
Zahl, grammatische	Numerus	number	le nombre
Zahlwort	Numerale	numeral expression	le numéral
Zeitstufe	Tempus	tense	le temps du verbe
Zeitwort	Verb	verb	le verbe
Zukunft	Futur I	future	le futur simple

17. Merksprüche

Grammatik:

- Bei *durch, für, ohne, um,* auch *sondern, gegen, wider* schreib stets den 4. Fall und nie den Dativ nieder.

- Schreibe *mit, nach, nächst, nebst, samt, bei, seit, von, zu, entgegen, gegenüber, außer, am, zuwider*
  stets mit dem Dativ nieder.

- *An, auf, hinter, neben, in, über, unter, vor* und *zwischen* stehen in dem 4. Fall, wenn man fragen kann: wohin?
  In dem 3. steh'n sie so, dass man stets kann fragen: wo?

- *Unweit, mittels, kraft* und *während, laut, vermöge, ungeachtet, innerhalb* und *außerhalb, oberhalb* und *unterhalb, diesseits, jenseits, halben, wegen, statt,* auch *längs, zufolge, trotz* stehen in dem 2. Fall oder auf die Frage: wessen?
  Doch ist hier nicht zu vergessen, dass bei diesen letzten drei auch der Dativ richtig sei.

Rechtschreibung:

- Wer »*nämlich*« mit »*h*« schreibt, ist dämlich! Wer »*Name*« mit »*h*« schreibt, ist übrigens genauso dämlich.

- Nach *l, m, n* und *r*, das merke ja, steht nie *tz* und nie *ck*.

- *Gar nicht* wird *gar nicht* zusammengeschrieben.

- Das weiß jedes Kind genau: nie »*tz*« nach »*ei*«, »*eu*« , »*au*«.

- Da reibt sich jedes Kind die Hände: Kein *h* steht in *-sam, -bar, -sal* und *-tum* am Ende.

- Endet ein Wort auf *-heit, -keit, -nis, -schaft, -ung* und *-tum*, handelt ist sich immer um ein Substantivum! Also Großschreibung!

- Ist ein Kind auch noch so dumm: Groß schreibt es das Verb nach »*am*«, »*beim*«, »*im*« und »*zum*«.

- Groß schreibt man Wörter mit der Silbe »*-nis*« am Ende; sie haben immer »*s*« und nie »*ß*« am Ende.

- Bei *-en, -er, -in* und *-nis* am Ende steht in der Einzahl der letzte Buchstabe für sich alleine; in der Mehrzahl kriegt er durch Verdopplung Beine.

Zeichensetzung:

- Das ist doch allen Kindern sonnenklar: Immer steht 'n Komma vor *»sondern«* und *»und zwar«*.

- Steht vor *»falls«*, *»obwohl«*, *»wenn«*, *»weil«*, *»nachdem«*, *»so dass«* und *»dass«* im Satz kein *»und«*, oh Donner, steht vor diesen Wörtern immer ein Komma.

18. Die Rechtschreibreform im Überblick

Zur Beruhigung: Die allermeisten Schreibungen ändern sich durch die Reform nicht!

- Bei der **Schreibung der Laute** sind es nur ganz wenige Wörter, bei denen eine geänderte Schreibung Pflicht wird. In vielen Fällen sind zwei Schreibungen erlaubt. In den meisten Fällen kann die bisherige Schreibung beibehalten werden.

Alte Schreibung	Neue Schreibung
Alptraum	Alptraum oder Albtraum
behende	behände (zu: Hand)
numerieren	nummerieren (zu: Nummer)
plazieren	platzieren (weil: Platz)
Portemonnaie	Portemonnaie oder Portmonee
selbständig	selbständig oder selbstständig
überschwenglich	überschwänglich (weil: Überschwang)
Zäheit	Zähheit (zu zäh)
Zierat	Zierrat (wie: Vorrat) usw.

- Dass Schifffahrt (auch: Schiff-Fahrt) ab 1998 wie »Pappplakat« (richtig auch: Papp-Plakat) geschrieben wird statt »Schiffahrt«, fällt ohnehin niemandem auf.

- Am auffälligsten ist die geänderte Schreibung beim **s-Laut**: »daß« wird zu »dass« und »läßt« zu »lässt«, der »Fluß« zum »Fluss«. Regel: nach kurzen Vokalen (Selbstlauten) immer »ss«. Das »ß« steht künftig nur noch nach Diphthongen (Zwielauten, z. B. »ei«, »eu«) und langen Vokalen: heißen, ließ, der Spieß, groß, der Gruß, der Schoß usw.

- Bei der **Groß- und Kleinschreibung** wird vieles vermehrt großgeschrieben werden müssen nach der Grundschulregel: Wenn »der, die *oder* das« vor einem Wort steht oder vorangestellt werden kann, ist es großzuschreiben.

Alte Schreibung	Neue Schreibung
im allgemeinen	im Allgemeinen (weil: das Allgemeine)
in bezug auf	in Bezug auf (weil: mit Bezug auf)
alles übrige	alles Übrige (wie: alles Gute)
der einzelne	der Einzelne (wie: der Mann)

im einzelnen	im Einzelnen (weil: in dem Einzelnen)
Du, Dein, Dir (Privatbrief)	du, dein, dir (Privatbrief)
Es ist mir ein leichtes, ...	Es ist mir ein Leichtes, ...(weil: das Leichte)
heute abend	heute Abend, Vormittag usw. (weil: der Abend)
Ihr, Euch, Euer (Privatbrief)	ihr, euch, euer (Privatbrief)
Keine Änderung: Ihr, Sie, Ihres, Ihre, Ihren (Geschäftsbrief)	Ihr, Sie, Ihres, Ihre, Ihren (Geschäftsbrief)
im folgenden	im Folgenden (weil: in dem Folgenden)
im wesentlichen	im Wesentlichen (weil: in dem Wesentlichen)
auf gut deutsch	auf gut Deutsch (Sprachbezeichnungen in der Grundform können künftig immer großgeschrieben werden! Ausnahme: Bei »Ich spreche französisch« (weil sich mit *wen* oder *was* **und** *wie* fragen lässt!) sind Groß- und Kleinschreibung erlaubt!) usw.

- Die **Getrennt- und Zusammenschreibung** war nach den alten Regeln sehr schwierig, sie wird nach den neuen Regeln ein bisschen weniger kompliziert, aber sie bleibt immer noch das schwierigste Kapitel der Rechtschreibung. Hier empfiehlt sich ein ausgiebiges Studium der Regeln und häufiges Nachschlagen im Wörterbuch. Grundtendenz nach den neuen Regeln: vermehrt Getrenntschreibung.

Alte Schreibung	Neue Schreibung	Regel
radfahren, er fährt Rad	Rad fahren, er fährt Rad	wie: Auto fahren
übrigbleiben, artig bleiben	übrig bleiben, artig bleiben	vor Verb (Tu-Wort) Endung -ig.
sitzen bleiben (Stuhl), sitzenbleiben (Schule); kennenlernen	sitzen bleiben (die Unterscheidung zwischen wörtlicher und übertragener Bedeutung wird aufgegeben), kennen lernen	folgt Grundform (Infinitiv) des Verbs (Tu-Worts) auf Infinitiv, wird immer getrennt geschrieben
dabeisein	dabei sein	alle Verben in der Verbindung mit ***sein*** werden immer getrennt geschrieben
der angsteinflößende Film	der Angst einflößende Film	weil Grundform: Angst einflößen

bekanntgeben	bekannt geben	weil vor Verb Partizip steht (*Partizip*: bekennen, bekannte, *bekannt*)
getrennt schreiben	getrennt schreiben	weil vor Verb Partizip steht (*Partizip*: trennen, trennte, *getrennt*)
soviel, so viele	so viel, so viele	nach *so, zu, wie* im Regelfall getrennt
groß schreiben (Rechtschreibung)	großschreiben (Rechtschreibung)	entweder groß oder klein, **nicht erweiterbar** (durch *sehr, ganz*), **nicht steigerbar** (größer)
groß schreiben (an der Tafel)	groß schreiben (an der Tafel)	**erweiterbar** (durch *sehr, ganz*), auch **steigerbar** (*größer*) usw.

- Bei der Schreibung mit **Bindestrich** und beim **Apostroph** (Auslassungszeichen) ändert sich fast nichts. Der Bindestrich wird öfter als bisher gesetzt werden können: Zehnkampfstadion, richtig auch: Zehnkampf-Stadion; Schnee-Eule (neben: Schneeeule); alt: 3tonner, neu: 3-Tonner; alt: 100prozentig, neu: 100-prozentig – also Bindestrich, wenn hinter Zahl ein ganzes Wort folgt; folgt hinter Zahl nur kurzes ‚Anhängsel', steht kein Bindestrich: die 70er-Jahre usw.

- Bei der **Silbentrennung** ändert sich nur wenig. Im Prinzip zielt die Reform darauf ab, dass bei der Silbentrennung die in der Grundschule gelernte Trennung nach der Klatschmethode, also die Trennung nach Sprechsilben, konsequent angewandt werden kann. Wichtigste Neuerungen: Bä-cker statt Bäk-ker, lus-tig statt lu-stig, O-fen statt Ofen; Fremdwörter können künftig wie deutsche Wörter getrennt werden: A-bi-tur oder Abi-tur neben Ab-itur (alte Regelung). Doppeltrennungsmöglichkeiten: hin-auf *neben* hi-nauf; ein-an-der *neben* ei-nan-der; war-um *neben* wa-rum; dar-um *neben* da-rum usw.

- Die **Zeichensetzungsregeln** ändern sich ab 1998 nur minimal: Vor »und« muss ab sofort praktisch nur noch dann ein Komma stehen, wenn ein Nebensatz in einen Hauptsatz eingeschoben ist (Bodo Bockbier faulenzt, weil er keinen Bock hat, und Rita Rachengold raucht Zigaretten). Bei Infinitivsätzen [Ich gehe in die Schule(,) um etwas zu lernen.] und Partizipialsätzen [Von der Schule total genervt(,) gingen die Kinder über Tische und Bänke.]muss nur dann noch ein Komma gesetzt werden, wenn diese Sätze ohne Komma missverständlich [Sie riet, ihm zu helfen / Sie riet ihm, zu helfen] wären oder die Satzmelodie und damit auch der Lesefluss ohne Kommas [Er, um rechtzeitig in die Schule zu kommen, stieg ins nächste Taxi.] empfindlich gestört wäre. Insgesamt dürfen ab sofort viele Kommafehler nicht mehr gewertet werden!

Bei der **WÖRTLICHEN REDE** galt: »Sind alle Lehrer hilfsbereit?« fragt Bärbel Barbados. Also **ohne** Komma nach der Frage! Ab 1998 (2005) gilt: »Sind alle Lehrer hilfsbereit?«, fragt Bärbel Barbados. Also **mit** Komma nach der Frage! Dasselbe gilt für Sätze, die mit einem Ausrufezeichen schließen:

»Sei doch endlich still!« schrie der Vater. Also **ohne** Komma nach dem Ausrufezeichen! Ab 1998 (2005) gilt: »Sei doch endlich still!«, schrie der Vater. Also **mit** Komma nach dem Ausrufezeichen! Alle anderen Regeln zur wörtlichen Rede ändern sich nicht!

19. Register

Raum für Notizen:

Raum für Notizen: